AF453760

BIBLIOTHÈQUE
CHRÉTIENNE ET MORALE

APPROUVÉE

PAR MGR L'ÉVÊQUE DE LIMOGES.

LES

MARTYRS EN CORÉE.

1866

PAR L. LE SAINT.

* * *

LIMOGES.

BARBOU FRÈRES, IMPR.-LIBRAIRES.

LES

MATYRS EN CORÉE.

1866.

PAR L. LE SAINT.

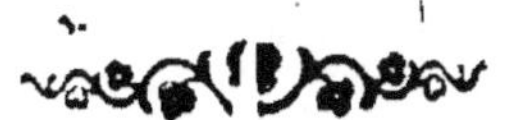

LIMOGES

BARBOU FRÈRES, IMPRIMEURS-LIBRAIRES

I.

Dans les premiers jours du mois de septembre 1866, une nouvelle grave et triste fut apportée en France par le courrier de Chine : neuf missionnaires catholiques, neuf français, dont deux

évêques, avaient été martyrisés en Corée. Un journal de Paris exposait ainsi
ce qui s'était passé, d'après une lettre
de Tche-Fou :

» Le 11 juillet, M. le contre-amiral
Rose, dont le pavillon était sur la frégate la *Guerrière*, et qui commandait
notre station navale de Chine, se trou-
vait à Tien-Tsing. Il vit venir à lui un
homme vêtu en Coréen, qui lui raconta
ce qui suit :

» Je suis Français, missionnaire en
Corée. J'ai fui ce pays sur ma petite
barque, montée par quelques chrétiens,
et je suis arrivé à Tche-Fou après sept
jours de navigation. Apprenant que vous
étiez à Pékin, je me suis dirigé aussitôt
sur cette capitale, pour vous appren-

dre que, par ordre du roi de Corée, mon évêque, son coadjuteur et sept de mes confrères ont é é massacrés au mois de mars, sous le seul et unique prétexte qu'ils étaient Européens. Une quarantaine de chrétiens indigènes ont partagé leur sort.

» Quelques jours avant ce cruel événement, les Russes étaient venus sur la côte nord de Corée, demandant une concession de terrain pour y construire quelques maisons et y établir un commerce international. Sur la réponse évasive et dilatoire du roi, ils s'étaient retirés, annonçant qu'ils reviendraient bientôt.

» Alors le bruit se répandit, émanant de la cour, que le roi avait un grand désir de voir l'évêque européen, et que la religion chrétienne allait jouir de la protection du gouvernement. En effet, l'évêque est mandé auprès du roi, mais, au lieu d'être conduit au palais, il est jeté dans la prison des criminels.

» Après un court délai, le roi le fait comparaître et lui demande s'il ne pouvait pas empêcher, par son influence, le séjour que voulaient faire les Russes en Corée. L'évêque, Mgr Berneux, du Mans, évêque *in partibus* de Capse — répond qu'il est Français, et, comme tel, complétement étranger aux projets et aux affaires des sujets russes.

» Le roi lui dit : Si on vous faisait quelque mal, le souverain de votre pays viendrait-il, pour vous venger, porter la guerre chez nous?

» L'évêque répond : Napoléon III, mon souverain, est le protecteur, le défenseur, le père de tous ses sujets. Vous savez ce qu'il a fait en Chine, son armée est entrée victorieuse à Pékin, et le grand empereur du royaume du Milieu a été contraint de fuir d'abord, et de se soumettre ensuite aux justes exigences de la France. Si vous êtes juste envers nous, Napoléon sera votre ami et nous, nous resterons vos plus fidèles serviteurs.

» Les paroles les plus aimables sortirent alors de la bouche du roi, et l'évêque fut transféré de la prison des criminels à celle des grands mandarins du royaume. Mais ces bontés n'étaient qu'une feinte. L'heure de la persécution avait sonné; les pères Beaulieu, Dorie et Ranfer de la Bretenières furent arrêtés comme leur évêque, jetés comme lui en prison, et décapités avec lui le 8 mars, sous les murs de la capitale.

» Trois jours après, les pères Pourthié et Petit-Nicolas subissaient au même endroit le même sort.

» Le 30 mars, jour du vendredi saint, nouvelle exécution ; Mgr Daveluy, évêque d'Aconé, coadjuteur de Mgr Berneux, ainsi que les pères Aumaître et Huin expirent à leur tour sous le glaive. »

» Il ne reste plus de la mission de Corée que trois missionnaires : les pères Fréron, Calais et Ridel. Les deux premiers restent cachés dans les montagnes ; le troisième est celui-là même qui a fait de l'amiral Rose le triste récit qui précède. L'amiral l'a immédiatement embarqué sur *la Guerrière*, où il est environné de respect et de soins.

» Tels sont les faits. A peine est-il besoin d'ajouter qu'ils ont causé une vive indignation dans notre division navale.

» Notre correspondant nous envoie de la manière suivante les noms, prénoms et lieux de naissance des missionnaires martyrisés.

» Ont été exécutés le 8 mars : Mgr Berneux (Siméon-François), évêque de Capse, originaire du diocèse du Mans ; le P. Beaulieu (Louis-Bernard), de

Bordeaux; le P. Doriel (Pierre-Henri), de Luçon; le P. Ranfer de Bretenières (Siméon-Marie), de Dijon.

» Ont été exécutés le 30 mars : Mgr Daveluy, évêque *in partibus* d'Acone, né dans le diocèse d'Amiens; le P. Aumaître (Pierre), d'Angoulêmè; le P. Huin (Marie-Luc), de Langres. »

Tout le monde sait que la Corée est une presqu'île située au nord-est de la Chine, et qui n'est séparée de l'archipel du Japon que par un détroit de cinquante kilomètres. On croit que les Coréens sont d'origine tartare. Cependant leurs mœurs, leurs usages, leurs arts et leurs sciences sont les mêmes que chez les Chinois; ils ont la même religion, la même écriture et la même langue, et leur costume est celui qu'ils portaient sous la dernière dynastie.

Le roi de Corée est vassal et tributaire de la Chine. Tous les ans, il est obligé d'envoyer des ambassadeurs à Pékin, pour rendre hommage à son suzerain et lui offrir le tribut ordinaire. Le chiffre de la population varie entre douze et vingt millions. Les Coréens sont bien faits et assez intelligent; mais leur pays est pauvre, sans commerce et sans industrie. L'Evangile leur a été prêché pour la première fois vers la fin du dix-septième siècle, sans beaucoup de fruit : c'est par centaines que la foi chrétienne compte ses martyrs en Corée.

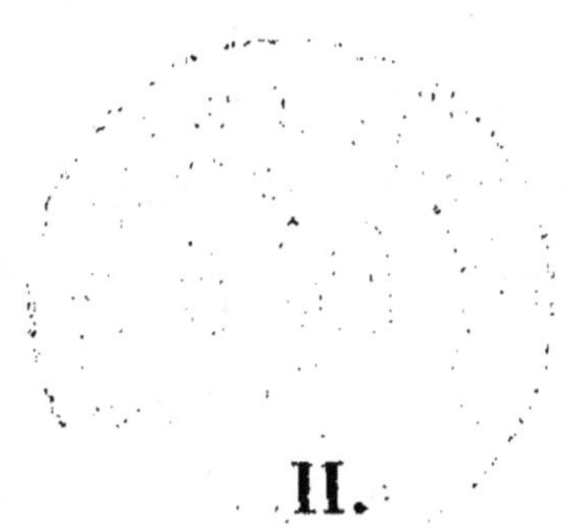

II.

A la nouvelle de l'exécution de nos
missionnaires, notre chargé d'affaires,
M. Bellonet, crut devoir rédiger une
note destinée au prince Kong, et dans
laquelle il laissait entrevoir l'éventua-

lité d'une intervention française en Corée. Ce prince Kong, qui joint aux lumières d'un diplomate européen la finesse ordinaire des diplomates chinois, répondit que cette communication ne pouvait concerner son gouvernement, le lien de vasselage qui unit le royaume de Corée à l'empire de Chine étant purement nominal ; que, par conséquent, si la France songeait à intervenir en Corée, elle était juge de ce qu'elle devait faire à cet égard : le gouvernement chinois n'avait point à se mêler de l'affaire en question.

M. Bellonnet s'adressa alors à l'amiral Roze, et chercha à agir pour le mieux des intérêts français en Corée. L'amiral n'avait à sa disposition que des moyens inefficaces pour tenter un débarquement ; il résolut de se borner à montrer le drapeau de la France sur les côtes de la Corée pour prévenir ainsi de nouveaux actes de persécution : son intention, du reste, était de se maintenir dans une stricte neutralité en attendant les intentions du gouvernement impérial.

Ce ne fut pas sans de sérieux dangers que l'amiral pénétra dans ces mers inconnues et parsemées d'écueils ; il se trouva un instant compromis et menacé d'essuyer un grand désastre. Obligé de naviguer la sonde à la main, dans des parages où les marées éprouvent des variations de huit à dix mètres en vingt-quatre heures, il échoua sur des coreaux

avec sa flottille, composée de la corvette à vapeur le *Primauguet* et de
plusieurs petites canonières. La catastrophe paraissait imminente, lorsqu'une
grande marée remit les bâtiments à flot
et leur permit de sortir de ce mauvais
pas.

Un des épisodes les plus émouvants
de cet échouage fut le péril que courut,
dans une position désespérée, la canonnière à vapeur sur laquelle flottait
le pavillon central. Perché sur un bouquet de coraux, entouré de tous côté
par un gouffre de huit mètres, ce bâtiment, isolé du reste de l'escadre, était
dans l'impossibilité de communiquer
avec les autres : le fond se composait

d'une vase molle, et les embarcations y restaient embourbées.

Après avoir échappé à ces difficultés terribles, l'escadrille française, s'en rapportant complétement à la carte du commandant Guérin, qui fut reconnue d'une exactitude remarquable, se dirigea vers l'embouchure d'un fleuve signalé comme l'un des principaux débouchés de la capitale de la Corée.

Les navires, remontant le cours d'eau à petite vitesse, rencontrèrent, à quatre lieues de l'embouchure, un grand village où des guerriers rassemblés en grand nombre travaillaient à établir un barrage; à la suite de pourparlers infructueux, l'amiral, voyant qu'on n'interrompait pas ces travaux, détruisit l'estacade à coups de canon et mitrailla le corps de troupes ennemies, qui prit la fuite dans toutes les directions. Pendant ce court engagement, on put observer que les soldats coréens marchaient pieds nus, et que la plupart étaient armés d'arcs et de flèches; d'autres avaient des piques et quelques uns des sarbacanes.

L'amiral avait voulu seulement exécuter une reconnaissance hydrographique dans le but de faciliter des opérations ultérieures : il quitta ces côtes inhospitalières pour rallier son escadre dans les mers de Chine. Quelque temps après, il revint avec cette escadre, décidé à bloquer le fleuve qui conduit à la capitale de la Corée : il avait reçu l'ordre du gouvernement français d'imposer à ce pays un traité de commerce et de tolérance, et d'exiger, avec le paiement d'une indemnité de guerre, des réparations pour les familles des victimes de l'attentat de mars.

Le ministre de la marine et des colonies reçut du contre-amiral vers la fin, de décembre, des dépêches qui annonçaient la prise de Kan-hoa, ville fortifiée située au nord de l'île de ce nom, à l'embouchure du Séoul, sur lequel est bâtie la capitale. Voici en quels termes le *Moniteur universel* du 28 décembre racontait ce qui s'était passé : « Parti de Tche-fou le 11 octobre, avec la frégate *la Guerrière*, les corvettes à hélisse *le Laplace* et *le Primauguet*, les avisors *le Déroulède* et *le Kien chan*, les canonnières *le Tardif* et *le Lebreton*, le contre-amiral Roze mouillait, le 13, avec sa division devant l'ile Boisée, à dix-huit milles de Kan-hoa. Le lendemain, les canonnières remontèrent la rivière salée, remorquèrent les embarcations qui portaient les compagnies de débarquement de *la Guerrière* et des corvettes, ainsi qu'un détachement de marins fusiliers de *Yokohama*. A peine débarqués, nos matelots occupèrent les hauteurs sans rencontrer la moindre résistance et campèrent à cinq kilomètres de Kan hoa. Le 15, une reconnaissance fut exécutée par une colonne commandée par M. le capitaine de frégate comte d'Osery ; arrivée près d'un

fort qui domine la ville, elle fut accueillie par un feu bien nourri de mousqueterie et par celui de deux canons de
petit calibre. Après un engagement de
quelques minutes, le fort fut occupé,
et les Coréens s'enfuirent, laissant un
drapeau entre nos mains.

» Le 16, dès huit heures du matin, le
contre-amiral Roze, à la tête de toutes
ses forces, se présentait devant la ville,
qu'entourait une muraille crénelée de
quatre mètres de hauteur. Parvenues à
une trentaine de mètres de la porte
principale, nos troupes furent reçues
par une fusillade assez vive, mais la
muraille fut bientôt escaladée au cri de
Vive l'Empereur! et l'ennemi nous
laissa maîtres de la place.

» Un grand nombre de canons, plus de dix mille fusils, des munitions de toute sorte ont été trouvées dans d'immenses magasins, et démontrent l'importance de la place de Kan-hoa au point de vue de la défense de la capitale de la Corée.

» Le contre-amiral Roze a fait inventorier avec soin les magasins dont il a pris possession au nom de l'Etat, et qui contenaient également dix-huit caisses remplies de lingots d'argent et des archives officielles.

» Une proclamation adressée aux habitants lui a fait connaître le but que l'amiral s'était proposé en venant de châtier le gouvernement coréen, et leur a assuré la protection la plus complète.

» Le blocus du fleuve de Séoul, qui a été notifié aux consuls des puissances européennes en Chine, et la prise de Kan-hoa, devaient produire une profonde impression sur le gouvernement coréen. En effet, la ville de Kang-hoa, comme on vient de le rappeler, située à l'embouchure du fleuve Séoul, commande ainsi la principale voie que le commerce de la capitale est obligée de prendre, particulièrement pour assurer ses approvisionnements de riz.

» Aussi, dès le 19, le contre-amiral Roze recevait une lettre du roi à laquelle il s'est empressé de répondre, en faisant connaître les satisfactions qu'il réclame au nom du gouvernement français.

» La dépêche qui enferme ces détails est du 22 octobre; à cette date, le contre-amiral Roze était encore dans la ville de Kang-hoa, où il attendait les interprètes qu'il avait fait demander à à notre consul de Shang-haï.

Après l'occupation de Kang-hoa par les compagnies de débarquement des bâtiments de la division, le contre-amiral s'établit dans une position fortement retranchée, puis il fit parcourir les environs de la ville et explorer les rives opposées de la presqu'île, en détruisant toutes les joncques qui se trouvaient dans le canal.

Dans l'une de ces explorations, la chaloupe de *la Guerrière*, au moment d'aborder la côte, fut accueillie, pres-

que a bout portant, par une décharge
de mousqueterie qui tua trois matelots;
nos marins, sautant à terre, débusquè-
rent les Coréens qui, cachés dans les
broussailles, avaient fait feu, et, con-
duits par l'aspirant de première classe
Châtel, les mirent en fuite, après leur
avoir tué quelques hommes.|

Le contre-amiral Roze voulut s'assurer de l'état du pays. Un détachement,
commandé par le capitaine de vaisseau
Ollivier, sortit de Kang hoa, et rencon-
tra à quelques, kilomètres de la ville
les Coréens en grand nombre, retran-
chés dans une pagode fortifiée; l'ennemi,
qui avait d'abord fait une sortie, fut
repoussé et se hâta de rentrer dans ses
retranchements en abandonnant ses

morts. Après une fusillade très-vive, dans laquelle nous n'eûmes aucun homme tué, mais qui nous coûta plusieurs blessés, la colonne rentra le soir même à Kang-hoa.

Peu de jours après, le contre-amiral, voyant que le gouvernement coréen ne donnait pas suite aux ouvertures auxquelles il avait dû croire en recevant une lettre du roi, se décida à quitter Kang-hoa : les approches de l'hiver se faisaient déjà sentir, et il était à craindre que toute navigation dans la rivière salée ne fût bientôt interrompue. Avant de s'éloigner, il ordonna la destruction de tous les établissements du gouvernement, ainsi que celle du palais du roi, et nos matelots retournèrent à bord des bâtiments mouillés devant l'île Boisée.

Les caisses renfermant des lingots d'argent d'une valeur de cent quatre-vingt-dix-sept mille francs, des manuscrits et des livres qui pouvaient offrir quelque intérêt pour la science, furent dirigées sur Shang-haï, d'où elles devaient être transportées en France.

Deux missionnaires restés en Corée ne tardèrent pas à rejoindre le contre-amiral sur les côtes de Chine, après avoir réussi à se faire débarquer à Tche-fou.

La destruction de Kang-hoa, place de guerre importante, des poudrières et des établissements publics qu'elle renfermait, avait prouvé au gouvernement coréen que le meurtre des missionnaires français ne restait pas impuni.

Ce pays, où l'amiral Roze venait de planter le drapeau français, paraît pauvre, quoique la campagne présente de jolis aspects ; il est dangereux de s'y promener à cause de l'abondance des serpents. Le journal le *Nord* ajoutait à ces renseignements des détails qui ne manquaient pas d'étendue. Les habitants, d'après cette feuille, sont tous coiffés d'un grand chapeau en crin tressé, peu propre à les garantir contre le soleil, le vent ou la pluie. Ils portent les cheveux longs, mais réunis comme un toupet ; un tissu de crin serre la

tête au-dessus : c'est la marque distinc-
tive des hommes mariés.

Le costume est en lin grossier ou en
fil blanc, de la forme des robes de
chambre, sans boutons ; une ceinture
du même tissu serre la taille. Les jeunes gens ont les cheveux longs sans
toupet. Quant aux femmes, les Français
n'en avaient aperçu aucune ; elles
avaient toutes fui, ou plutôt on les avait
dérobées aux yeux des *Barbares*.

Les Français furent pour les Coréens
un spectacle inouï ; ils n'avaient jamais
vu d'Européen ni de navire. Ceux qui
avaient pris la fuite revinrent peu à peu,
en apprenant qu'on n'avait pas brûlé
leurs cases. Un autre sujet d'étonnement pour eux, c'est que nos marins

payaient en argent tout ce qui leur était
nécessaire, selon les ordres formels de
l'amiral.

III

Une imposante cérémonie réunit, le 28 février 1867, dans la cathédrale d'Amiens, de hauts dignitaires de l'église, venus pour rendre hommage à Mgr Daveluy. Le cortége partit de l'église de Saint-Leu, revêtu de tentures blanches et rouges. Le clergé du département de la Somme était là tout entier; on ne comptait pas moins de douze évêques. Les cardinaux de Bonnechose et Donnet, et les archevêques de Nancy, de Cambrai et d'Alger, assistaient à cette solennité, ainsi que Mgr Chigi, nonce du pape. Après la cérémonie, le cortége revint en grande pompe au palais épiscopal. A trois heures, l'évêque d'Amiens réunit dans un dîner les prélats, leurs vicaires généraux et les autorités. Plusieurs toasts furent portés au saint Père, à l'empereur, à l'impératrice, au prince impérial, aux prélats, à M. le préfet de la Somme.

Voici en quels termes Sa Grandeur exprima les sentiments qui remplissaient son âme :

» Eminences , Excellence , Messeigneurs, Messieurs,

» Nous venons de rendre grâces à Dieu : maintenant gloire et reconnaissance aux hommes !

» Gloire et actions de grâces à notre saint père le Pape, le chef suprê me et vénéré de cette église, qui inspire sur la terre les martyrs que Dieu couronne dans le ciel !

» A Pie IX, le doux martyr, qui ne porte la tiare du pontife et du roi que sur la couronne d'épines qui ceint sa tête sacrée ! A l'immortel Pie IX ! Figure vénérable que les siècles passés n'ont pas connue et que les siècles à venir ne verront point : mélange indéfinissable de bonté et d'énergie, de douceur et de courage, d'ineffable sérénité dans les orages, et d'indomptable force dans la faiblesse !

» A Pie IX, le plus aimé, le plus vénéré des hommes, dont ceux-là même qui nient les droits sacrés admirent, exaltent le sublime caractère !

» A l'Empereur qui, après avoir abrité longtemps le trône du Pontife-roi dans les plis protecteurs du drapeau de la France, contient encore de sa puissante main les flots impétueux de cette démagogie frémissante, à laquelle il vient de dire : Tu n'iras pas plus loin !

» A l'Empereur, le protecteur dévoué, le vengeur de nos missionnaires en Chine, en Cochinchine, en Corée, partout où il y a des bourreaux pour les persécuter !

» A l'Impératrice, la douce et pieuse compagne de sa vie ! A l'Impératrice, partout bénie, partout aimée comme la Providence de ceux qui souffrent, mais nulle part bénie, nulle part aimée comme à Amiens !

» Ce ne sera pas attrister cette fête que de rappeler ce souvenir.

» Le deuil était partout, nos rues étaient désertes et pleuraient sous leurs tentures lugubres comme les rues de Sion. Les hôpitaux regorgeaient.

» Et voilà que la compassion, descendue des marches du trône sous la forme la plus gracieuse et la plus auguste, apparaît comme l'ange de la consolation à cette ville désolée.

« Nous l'avons vue dans cet Hôtel-Dieu à jamais illustré par cette douce et glorieuse visite; nous l'avons vue s'arrêter à chaque lit, pressant de ses mains augustes les mains de ces pauvres cholériques, approchant son oreille tout près de leurs lèvres, — et quelles lèvres ! — pour les mieux entendre, et approchant ses lèvres à elle, de leur oreille pour en être mieux entendue; nous l'avons vue réparer de ses mains le désordre de ces couches de douleur, laissant ces malheureux consolés, quelques-uns même guéris, et tous les assistants pénétrés d'admiration.

« Dans son spirituel langage, elle appelait cela *aller au feu*, la postérité dira *aller à la gloire*, et nous, évêques, nous appelons cela *aller au ciel*.

« Car, tandisque les arts se disputent l'honneur de transmettre aux siècles futurs le tableau de cette scène héroïque, nous savons que les anges l'inscrivent sur la page éternelle où s'écrit sa vie, et qu'au jour des récompenses le divin Sauveur lui dira : Venez, la bien-aimée de mon Père ; j'étais malade, et vous m'avez visité.

» Au prince Impérial, l'auguste fil-

leul, l'enfant spirituel du Saint-Père, !
Providentiel échange de grâces et de
secours ! Le vieillard veille sur l'enfant
et le bénit : l'enfant a les yeux fixés sur
le vieillard et le protége. Ce trône si fai-
ble, appuyé sur ce berceau, sera iné-
branlable, car l'épée de la France est
dans ce berceau.

» Actions de grâces à vous, Eminences
Révérendissimes, qui vous êtes arrachés
à ces grandes affaires de l'Eglise et de
l'Etat que vous menez de front. au grand
profit de l'Etat et de l'Eglise, pour, ap-
porter à notre fête l'éclat de votre pourpre, et moi, votre humble frère dans
l'épiscopat, le charme et le témoignage
ineffable de la bonté de votre cœur !

» A vous, Excellence, deux fois prince

et de la vieille Rome et de la vieille Eglise, à vous qui avez dû plus encore à la
solidité de votre mérite qu'à un nom
illustre, que la tiare a rehaussé de son
éclat dans un pape célèbre et que la
pourpre va bientôt décorer en votre personne, qui avez dû le délicat et difficile
honneur de traiter avec la France des
plus graves intérêts des âmes catholiques du monde entier ! à vous, Excellence, grand et simple, bon et bienveillant comme il sied si bien au vrai mérite et à la vrai grandeur !

» A vous aussi remerciements et grâces, pontifes vénérés, mes maîtres et
mes modèles ! Et ici, qu'il me serait
doux d'épancher sur chacun de vous ce
trop plein de vénération, de reconnais-

sance et d'amour dont mon cœur dé-
borde. Ne me semble-t-il pas que si ces
toiles (la réunion a lieu dans la salle
dite du synode ou du concile, ornée des
portraits de presque tous les évêques
qui se sont succédé sur le siége d'A-
miens depuis plus de dix siècles (pouvaient s'animer et se faire entendre,
tous ces vieux évêques d'Amiens vous
béniraient avec moi, de l'honneur que
vous apportez à leur siége?

» A vous, frères aimés d'Angleterre et
de Belgique! Voilà bien l'Eglise catholique! voilà bien la vraie *entente cor-
diale* et la véritable *annexion* des cœurs;
chacun aimant, gardant sa nationalité,
et tous s'aimant, se chérissant, unis et

serrés sur le sein de la Mère la sainte
Église.

» Mais à vous surtout, merci, jeune
frère, qui m'enpêcheriez de parler si je
m'arrêtais à penser qu'on ne devrait
pas parler après vous, — à vous qui
rendez trois fois à sa chère Genève un
saint François de Sales, et par la grâce
de votre personne, et par le charme de
votre éloquence, et pourquoi n'ajoute-
rais-je pas par votre attachement à la
France !

» A vous, vénéré supérieur des missions étrangères (M, l'abbé Albraud,
supérieur du séminaire des missions
étrangères à Paris présent à la cérémonie), à vous qui n'avez point manqué au martyre, mais à qui le martyre

a manqué, et qui n'êtes revenu de ces pays barbares que pour montrer tous les jours dans votre séminaire de martyrs, par quelles apostoliques vertus on doit s'y former.

» A vous aussi, monsieur l'aumônier en chef (M. l'abbé Trégaro, aumônier de la flotte, également présent, délégué par M. le ministre de la marine, pour assister à la cérémonie), qui représentez ici la marine, cette énergique vengeresse de nos martyrs! Elle a été à la *peine*, il m'a paru qu'il serait bien qu'elle fût à *l'honneur*, et voilà pourquoi j'ai sollicité de S. E. M. le ministre de la marine qu'il vous envoyât ici.

» A vous, vieillard vénérable, qui

n'êtes pas là pour entendre mes paroles, mais qui ne pouvez être oublié dans ce discours ! Ce sang qui vient de couler, n'était-ce pas votre sang? et n'avait-il pas échauffé votre cœur de chrétien, avant d'échauffer le cœur du martyr?

» Maintenant, saint vieillard, entonnez le cantique, allez *en paix* rejoindre au ciel ce fils bien aimé, après que l'estime et l'admiration de vos concitoyens vous auront comblé sur la terre.

» Je ne vous ai pas encore nommé Monsieur le conseiller d'Etat, M. Cornuau, préfet de la Somme; c'est que je voulais n'avoir plus à parler des autres, pour vous mieux dire combien je suis touché du sympathique concours que vous apportez à notre fête.

» Ils disent ailleurs : l'Eglise libre dans l'Etat libre, ils veulent la *séparation*, cachant l'oppression et la servitude sous des formules de liberté. Et nous, en France, nous disons : liberté de l'Etat, liberté de l'Eglise, mais dans *l'union*, pour le bonheur de l'Eglise et de l'Etat. »

Ces paroles, souvent interrompues par de chaleureux applaudissements, produisirent une profonde impression.

Mgr le nonce apostolique, ému de ce qu'il venait d'entendre, et de ce qu'il avait vu le matin, ne voulut pas laisser passer cette occasion d'exprimer les sentiments qu'il éprouvait. Son Excellence remercia Mgr l'Evêque de sa générosité et de son dévouement au Saint-siége.

M. le conseiller d'Etat, Préfet de la Somme, prit ensuite la parole en ces termes :

« Éminences, Messeigneurs, Messieurs,

» Notre commun dévouement à l'Empereur s'applaudit des paroles éloquentes adressées par Mgr l'évêque d'Amiens au Saint-Père et à Napoléon III, qui, depuis son avènement, a donné à Sa

Sainteté tant de preuves de respectueuse et filiale vénération.

» Permettez-moi de porter, à mon tour, un toast à ces glorieux apôtres du catholicisme, qui sourient au martyre et et meurent pour leur Dieu, après avoir vécu pour sa religion.

» Au loin comme de près, la pieuse sollicitude de l'Empereur et de l'Impératrice accompagne les missionnaires, et là où ils vont planter la croix du Christ, la France veille, et son drapeau les protége.

» Mgr Daveluy, continuateur des vertus d'une famille vénérée à Amiens, appartenait à l'héroïque phalange de ces saints propagateurs de la Foi, qui, au mépris de la mort, bravent tous les

dangers, acceptent toutes les souffran-
ces, heureux de projeter au loin les
puissantes et pures lumières de l'Evangile. La torture exalte leur courage, qui
grandit avec leur foi.

» Mais si la France voit avec amour
et avec fierté ses vaillants enfants don-
ner leur vie à une si noble cause, si leur
mort appelle sur elle les bénédictions
du ciel, elle ne voit pas sans attendris-
sement et sans gratitude ceux qui, chaque jour, combattent parmi nous, nous
prennent au berceau pour ne nous quitter qu'à la tombe, et tendent une main
amie à ceux qui chancellent et qui souf-
rent. Ils nous montrent que le but est
en haut, ils élèvent à la fois et nos
fronts et nos cœurs, et répandent par-

tout, avec l'espérance et la foi, la cha-
rité qui fait l'union, l'union qui donne
la sécurité et fait la vraie force des
pouvoirs établis.

Donc, Messieurs, à ces intrépides et
saints missionnaires, à ces apôtres
d'une religion toute de bienfaisance, de
conciliation et d'apaisement; à ces
princes de l'Eglise, au représentant illustre du Saint-Siége, à ces prélats vénérés, dont la présence donne à cette
réunion tant d'éclat, à l'éminent pas-
teur de ce beau diocèse que nous aimons
à entourer de notre respectueuse affec-
tion, à Mgr l'Evêque d'Amiens ! »

Des applaudissements prolongés ac-

cueillirent ces belles paroles où se ré-
vélait tout entier le magistrat éclairé et
bienveillant et qui s'est concilié le respect, la reconnaissance et les sympa-
thies du département de la Somme.

Depuis cette époque, il n'est survenu
en Corée aucun événement de nature à
inspirer des inquiétudes au commandant de nos forces dans les mers de
Chine, et l'on peut en conclure que l'affaire des missionnaires en restera là.
Le gouvernement français a cru, dans
sa sagesse, ne pas devoir exiger davantage pour le massacre des victimes : la
destruction de deux établissements et
l'occupation momentanée d'une ville

importante ont suffisamment prouvé aux Coréens que la France veille sur ses enfants, jusque dans les contrées les plus lointaines, et qu'elle ne laisse jamais un outrage impuni.

—

LE TRIOMPHE DE LA FOI.

—

La plupart des jeunes gens, entraînés par la fougue des passions, ou par le torrent des mauvais exemples, s'égarent dans les routes du vice ; et dès qu'une fois ils s'y sont engagés, il est rare qu'ils sengent à en revenir. Ils s'imaginent, au contraire, que la jeunesse étant la saison des plaisirs, ils ne doivent s'occuper qu'à en goûter les douceurs, et s'ils pensent à leur conversion, ce n'est que pour la renvoyer au déclin de l'âge. Nous allons leur mettre sous les yeux un exemple bien propre à les détromper de cette erreur. Ils y verront un jeune homme qui était égaré comme eux ; mais ils apprendront en même temps, par sa conduite et par ses paroles, que lorsqu'on a eu le malheur de s'éloigner de Dieu, on ne saurait trop s'empresser de retourner à lui.

Ce jeune homme, appelé |Nil, était d'une figure et d'un engouement d'esprit qui, joints à l'avantage d'une voix flatteuse, et à tous les talents d'agrément et de société, le firent rechercher dans le monde au sortir de l'enfance. Malgré l'éducation très-chrétienne qu'il avait reçue, il se laissa séduire par les attraits de ce monde trompeur, dont la faiblesse et l'inexpérience de son âge l'empêchèrent de sentir le danger. Il en adopta les maximes, il en suivit les exemples ; il forma des liaisons dangereuses, et ces liaisons ne tardèrent pas à l'entraîner jusque dans le crime. Mais la pensée des vérités éternelles, dont il s'était nourri dès les premières années de sa vie, excitèrent bientôt le repentir dans son âme; et la crainte de la mort, dans une fièvre violente dont il fut attaqué, la rendit efficace. Sur le champ, et sans être encore guéri de la fièvre, il se leva, et partit pour aller chercher dans la solitude un asile où il put être à l'abri des dangers du monde. Il rencontra sur le route un Sarrazin qui lui demanda brusquement qui il était, d'où il venait, où il allait. Nil lui découvrit son dessein avec ingénuité. Le Sarrazin considérant sa jeunesse et la richesse de ses vête-

ments, car il avait encore son habit sé-
culier :

— Tu devrais au moins attendre la
vieillesse, lui dit-il, pour t'engager dans
la vie monastique, si telle est ta fantai-
sie.

Nil, voulant lui faire sentir que nous
devons servir le Seigneur en tout temps,
et surtout dans le premier âge, lui fit
cette réponse :

— Quoi ! vous voulez que j'attende la
vieillesse pour me consacrer au service
de Dieu ! Mais un sacrifice arraché par
la nécessité est-il donc digne de lui, et
croyez-vous qu'un vieillard, qui n'a plus

la force de servir son prince, soit plus propre au roi des rois ?

Le Sarrazin, touché, de ce discours, lui montra le chemin, en le comblant d'éloges, et en l'encourageant à suivre son projet. Il l'exécuta en effet, et il répara si bien les désordres de sa jeunesse, qu'il s'éleva par ses vertus à la sainteté la plus éminente.

—

Un véritable chrétien peut bien quelquefois se tromper, et même scandaliser les autres sans le vouloir ; mais dès qu'il s'aperçoit du scandale qu'il leur a donné, il se fait un devoir de le réparer en désavouant et en condamnant son erreur. C'est ainsi que se [comportèrent plusieurs soldats chrétiens, que Julien l'Apostat avait insidieusement entraînés dans son apostasie.

C'était la coutume, en certaines occasions, que les empereurs, élevés sur leur trône avec un pompeux appareil, fissent de leurs propres mains des largesses aux troupes. Julien, dans une de ces cérémonies, fit placer à ses côtés un autel, un brasier et de l'encens, et il exigea que chaque soldat mit l'encens sur le feu avant de recevoir son présent. On leur faisait entendre que ce n'était là que le renouvellement d'une ancienne coutume, qui n'avait rien que d'indifférent. La plupart n'aperçurent pas l'artifice.

Mais sur les reproches qu'on leur fit ensuite, ils donnèrent les |plus vifs témoignages de repentir, coururent par les rues et places publiques en criant à haute voix :

« Nous sommes toujours chrétiens ; que tout le monde l'entende. Jésus-Christ, Sauveur adorable, nous ne vous avons point renoncé. Si notre main a été surprise, le cœur n'y avait nulle part. »

Il y en eut d'assez courageux pour aller jusqu'aux pieds de l'empereur, rejeter l'argent qu'ils venaient de recevoir, en lui disant :

« Réservez vos dons pour ceux qui les acceptent à des conditions si honteuses, pour nous, ils nous sont beaucoup plus odieux que la mort. Coupez nos mains qu'ils viennent de souiller ; tranchez la trame funeste de nos jours, immolez-nous à Jésus-Christ, notre divin maître,

qu'on nous a fait trahir contre notre volonté. »

—

Guillaume IX, duc d'Aquitaine, comte de Poitiers, était un prince violent et
dissolu, sans décence dans sa conduite,
et plus encore dans ses propos, où il s'é-
garait souvent aux dépens de la religion. Quoiqu'il eût contracté un maria-
ge très sortable et fort à son goût durant
quelque temps, il renvoya sa femme
sans façons, pour en épouser une autre
qui lui plaisait davantage. L'évêque de

Poitiers, où il résidait, était un saint prélat nommé Pierre. Il ne put dissimuler un si grand scandale, et, après avoir employé inutilement tous les autres moyens, il crut devoir excommunier le duc. Comme il commençait à prononcer l'anathême, Guillaume, furieux, se jeta sur lui, l'épée à la main, en disant :

« Tu es mort, si tu oses poursuivre. »

Le saint évêque, feignant d'avoir peur, lui demanda le moment de penser à ce qui était le plus expédient. Le duc l'accorda, et l'évêque acheva courageuse-

ment le reste de la formule d'excommu-
nication. Après quoi, tendant le cou :

« Frappez à présent, lui dit-il, me
voici tout prêt. »

L'étonnement que cette intrépidité
causa au duc désarma sa fureur, et
passant à l'ironie :

« Je ne t'aime pas assez, lui dit-il,
pour t'envoyer au ciel. »

Il se contenta de l'exiler.

Saint Eusèbe évêque de Samosate, se rendit illustre par sa foi et par son amour pour l'Eglise. Il fut d'abord lié avec les ariens. Le siége d'Antioche étant venu à vaquer, ils convinrent avec les orthodoxes de choisir Mélèce pour le remplir. Ils confièrent à Eusèbe le décret de cette élection, mais saint Mélèce s'étant aussitôt déclaré pour la foi catholique, les ariens, appuyés par l'empereur Valens, résolurent de le déposer. Eusèbe, averti de leur pernicieux dessein, se retira dans son diocèse, avec l'acte qu'on lui avait confié. On fit courir après lui, et l'envoyé de l'empereur

le menaça de lui couper la main droite,
s'il ne rendait l'acte d'élection ; mais
Eusèbe présentant ses deux mains, dit
avec fermeté : « qu'il se les laisserait
» couper, plutôt que de se dessaisir de
» cet acte, à moins que ce ne fût en pré-
» sence de ceux qui le lui avaient remis
» en dépôt. » Ce digne évêque souscri-
vit à la foi de Nicée dans le concile
d'Antioche en 353, et se trouva à Césa-
rée en Cappadoce l'an 371, pour élire
saint Basile, évêque de cette ville, à la
prière de saint Grégoire de Naziance le
Père. La fermeté avec laquelle il s'op-
posa aux Ariens, lui attira une foule de

traverses. Valens l'exila en 373. Durant cet exil, il se déguisait en soldat pour aller consoler les orthodoxes persécutés, fortifiant les faibles et animant les forts. Après la mort de son persécuteur, Eusébe se trouva au concile d'Antioche, en 378, et y parla en digne défenseur de la divinité de Jésus-Christ. Il parcourut ensuite diverses Eglises d'Orient. Ayant voulu mettre Maris en possession de l'évêché de Doltique en Syrie, une femme arienne lui jeta sur la tête une tuile qui le blessa à mort. Le digne prélat, avant d'expirer, fit promettre à ceux qui étaient présents, de ne point poursuivre cette femme en justice. On la poursuivit néanmoins ; mais les catholiques, pour remplir la derniere volonté du saint évêque, demandérent et obtinrent sa grâce.

LIMOGES. — IMPRIMERIE DE BARBOU FRÈRES.